CONOCE LA HISTORIA DE ESTADOS UNIDOS

LA CONSTITUCIÓN DE ESTADOS UNIDOS

BRAY JACOBSON

TRADUCIDO POR ESTHER SARFATTI

Gareth Stevens PUBLISHING

ENCONTEXTO

Please visit our website, www.garethstevens.com. For a free color catalog of all our high-quality books, call toll free 1-800-542-2595 or fax 1-877-542-2596.

Library of Congress Cataloging-in-Publication Data

Names: Jacobson, Bray, author.
Title: La Constitución de Estados Unidos / Bray Jacobson.
Description: New York : Gareth Stevens Publishing, [2018] | Series: Conoce la historia de Estados Unidos | Includes index.
Identifiers: LCCN 2016040680| ISBN 9781538249628 (pbk. book) | ISBN 9781538249635 (library bound book)
Subjects: LCSH: United States. Constitution--Juvenile literature. | Constitutional history--United States--Juvenile literature.
Classification: LCC E303 .J25 2018 | DDC 342.7302/9--dc23
LC record available at https://lccn.loc.gov/2016040680

First Edition

Published in 2020 by
Gareth Stevens Publishing
111 East 14th Street, Suite 349
New York, NY 10003

Translator: Esther Sarfatti
Designer: Samantha DeMartin
Editor: Kristen Nelson

Photo credits: Series art Christophe BOISSON/Shutterstock.com; (feather quill) Galushko Sergey/Shutterstock.com; (parchment) mollicart-design/Shutterstock.com; cover, pp. 1, 17 GraphicaArtis/Archive Photos/Getty Images; p. 5 MPI/ArchivePhotos/Getty Images; p. 7 Hulton Archive/Archive Photos/Getty Images; pp. 9, 15 (Hamilton) Everett - Art/ Shutterstock.com; p. 13 Universal History Archive/Universal Images Group/Getty Images; pp. 15 (Morris), 23 Everett Historical/Shutterstock.com; p. 21 FPG/Getty Images; p. 27 Scewing/Wikimedia Commons; p. 29 Allen Russell/Getty Images.

Printed in the United States of America

CPSIA compliance information: Batch #CS17GS: For further information contact Gareth Stevens, New York, New York at 1-800-542-2595.

CONTENIDO

Las palabras del glosario se muestran en **negrita** la primera vez que aparecen en el texto.

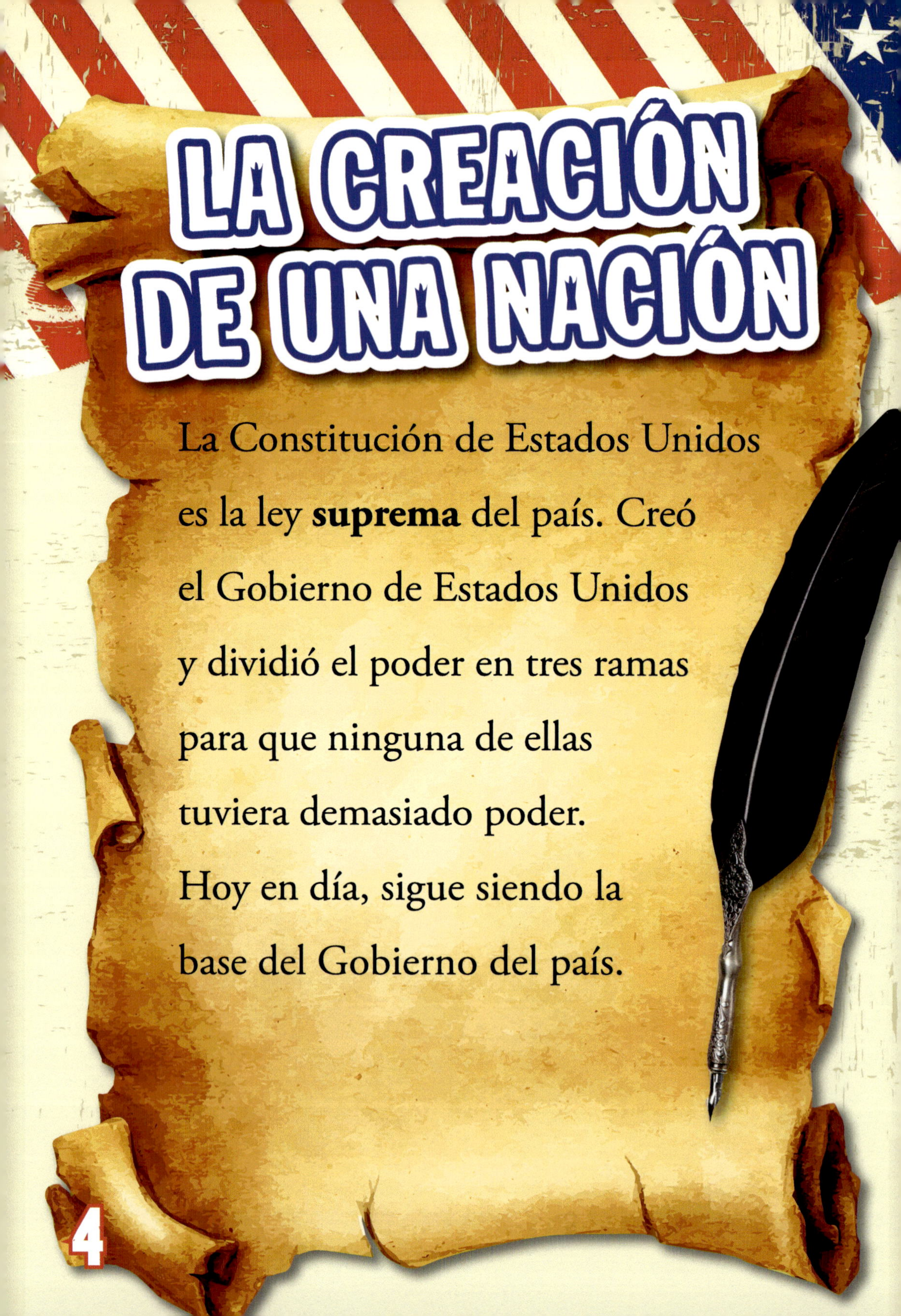

LA CREACIÓN DE UNA NACIÓN

La Constitución de Estados Unidos es la ley **suprema** del país. Creó el Gobierno de Estados Unidos y dividió el poder en tres ramas para que ninguna de ellas tuviera demasiado poder. Hoy en día, sigue siendo la base del Gobierno del país.

ARTICLES

OF

Confederation

AND

Perpetual Union

BETWEEN THE

STATES

OF

NEW-HAMPSHIRE, MASSACHUSETTS-BAY, RHODE-ISLAND AND PROVIDENCE PLANTATIONS, CONNECTICUT, NEW-YORK, NEW-JERSEY, PENNSYLVANIA, DELAWARE, MARYLAND, VIRGINIA, NORTH-CAROLINA, SOUTH-CAROLINA AND GEORGIA.

PRINTED BY FRANCIS BAILEY.

M,DCC,LXXVII.

SI QUIERES SABER MÁS

La primera Constitución de Estados Unidos se llamó los Artículos de la Confederación. Este **documento** daba mucha independencia a los estados, pero el Gobierno central era demasiado débil.

UN NUEVO DOCUMENTO

En mayo de 1787, **delegados** de doce estados se reunieron en Filadelfia, Pensilvania. La **Convención** Constitucional comenzó como una reunión para mejorar los Artículos de la Confederación. Pronto, los delegados se dieron cuenta de que era necesario **redactar** un documento ¡totalmente nuevo!

SI QUIERES SABER MÁS

Muchos de los Padres Fundadores fueron a la convención, entre ellos Benjamin Franklin y George Washington, el cual fue nombrado presidente de la Convención Constitucional.

EN BUSCA DE SOLUCIONES

Los delegados no estaban de acuerdo en algunos puntos, pero la Constitución fue el resultado de muchas **concesiones**. Uno de estos puntos fue cómo **representar** a los estados en el Congreso. Según el Plan de Virginia, la representación se basaría en la población, pero esto favorecía a los estados con mucha gente.

James Madison, autor del Plan de Virginia

SI QUIERES SABER MÁS

El Plan de Nueva Jersey decía que todos los estados debían tener el mismo número de representantes. Así, los estados con menos población tendrían la misma voz en el Gobierno.

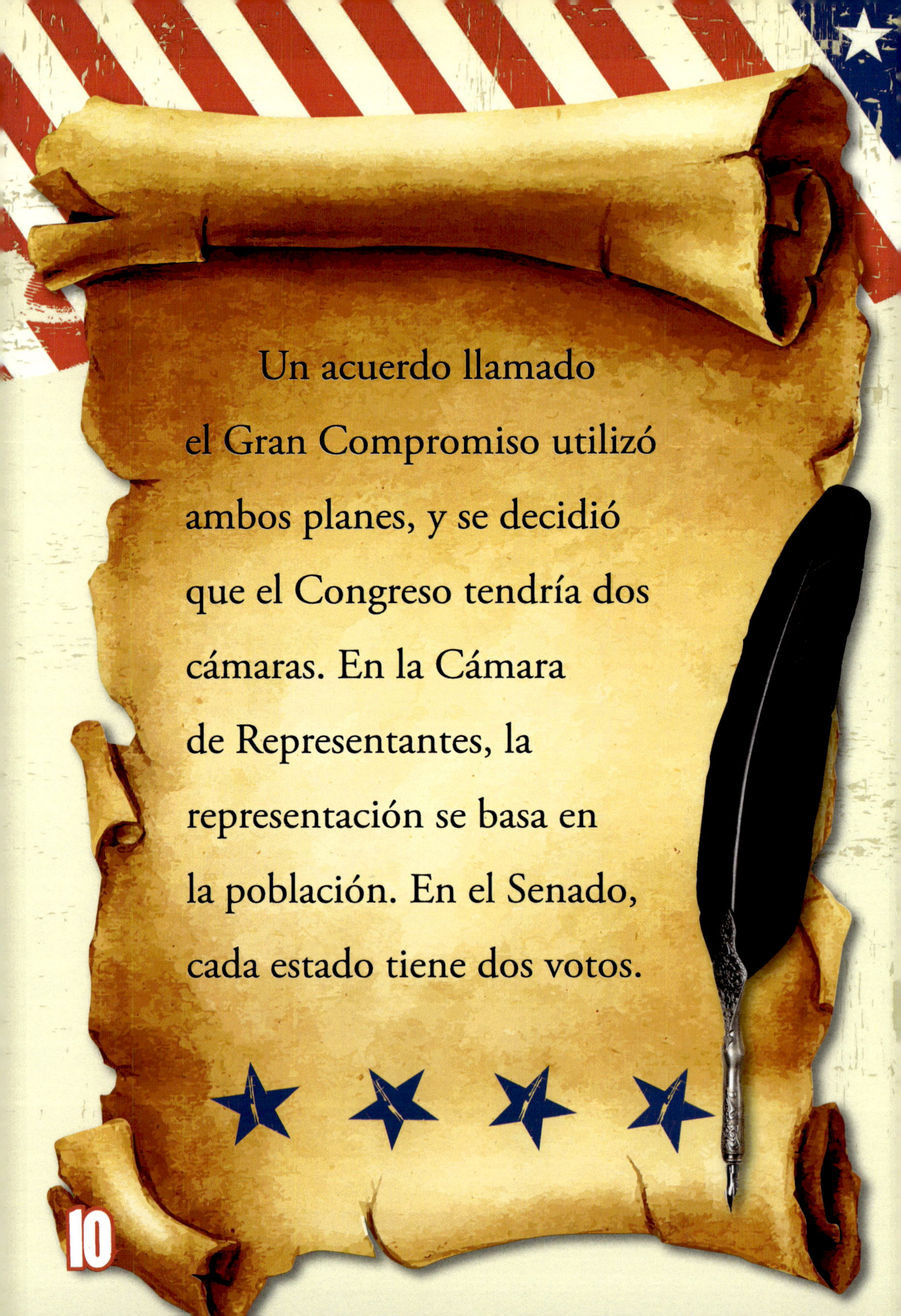

Un acuerdo llamado el Gran Compromiso utilizó ambos planes, y se decidió que el Congreso tendría dos cámaras. En la Cámara de Representantes, la representación se basa en la población. En el Senado, cada estado tiene dos votos.

Las tres ramas del Gobierno de Estados Unidos

RAMA LEGISLATIVA	RAMA EJECUTIVA	RAMA JUDICIAL
CREA LAS LEYES	HACE CUMPLIR LAS LEYES	EXPLICA LAS LEYES Y ADMINISTRA LA JUSTICIA
DIRIGIDA POR EL CONGRESO	DIRIGIDA POR EL PRESIDENTE	DIRIGIDA POR LA CORTE SUPREMA

SI QUIERES SABER MÁS

El Congreso es la rama legislativa del Gobierno, la que crea las leyes. La Constitución de Estados Unidos también creó la rama judicial y la ejecutiva.

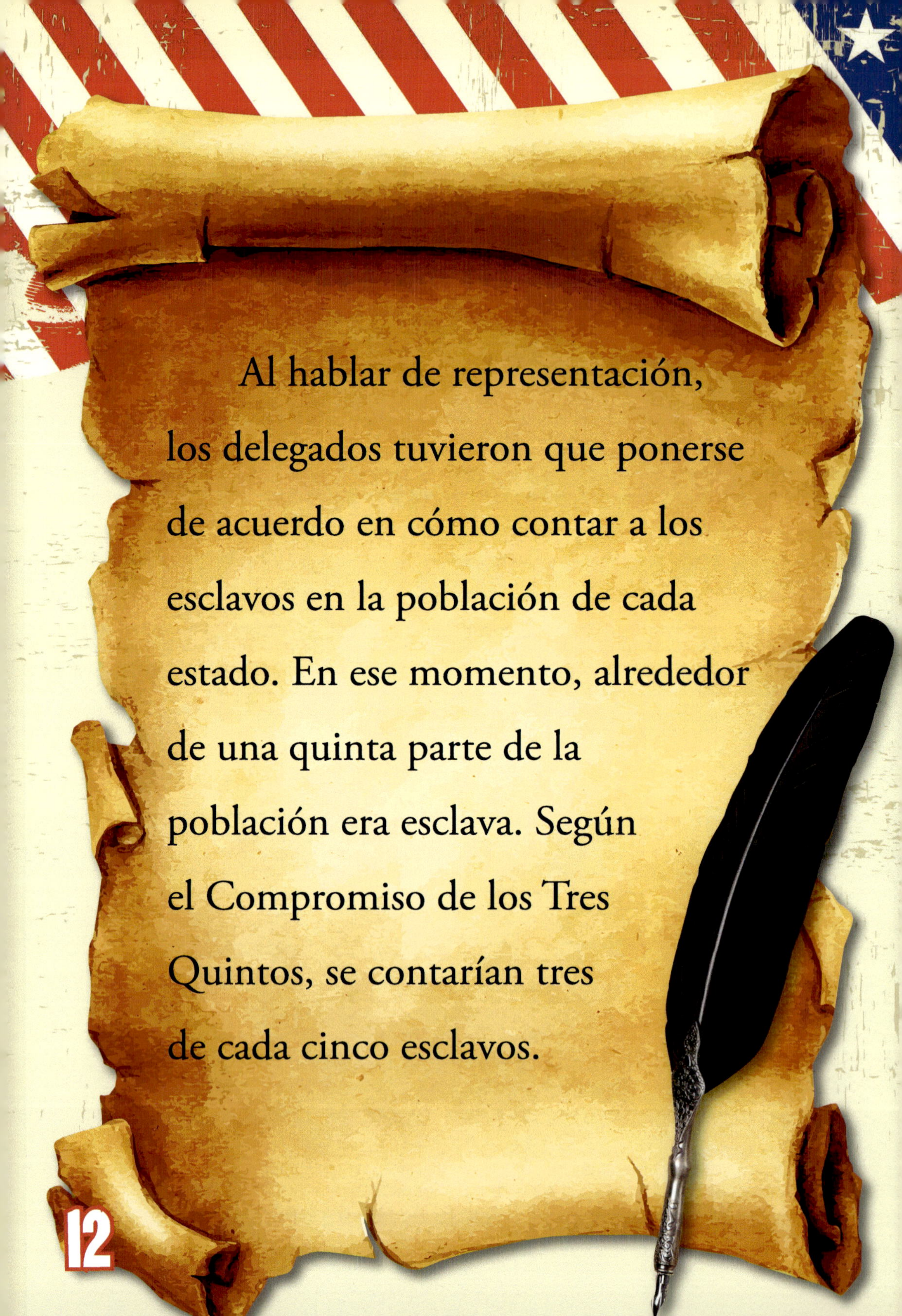

Al hablar de representación, los delegados tuvieron que ponerse de acuerdo en cómo contar a los esclavos en la población de cada estado. En ese momento, alrededor de una quinta parte de la población era esclava. Según el Compromiso de los Tres Quintos, se contarían tres de cada cinco esclavos.

SI QUIERES SABER MÁS

Algunos delegados del Norte querían prohibir la esclavitud en la Constitución. Sin embargo, los delegados del Sur se negaron a considerarlo siquiera, ya que la esclavitud seguía siendo una parte importante de su **economía**.

PRESENTACIÓN DE LA CONSTITUCIÓN

Un primer **borrador** de la Constitución de Estados Unidos se terminó de redactar el 6 de agosto de 1787. Después de **debatir** el documento durante un mes, más o menos, cinco representantes fueron elegidos para volver a redactarlo. Presentaron el documento terminado el 12 de septiembre.

SI QUIERES SABER MÁS

Alexander Hamilton de Nueva York, William Samuel Johnson de Connecticut, Gouverneur Morris de Pensilvania, James Madison de Virginia y Rufus King de Massachusetts fueron los cinco elegidos para redactar la versión final de la Constitución de Estados Unidos.

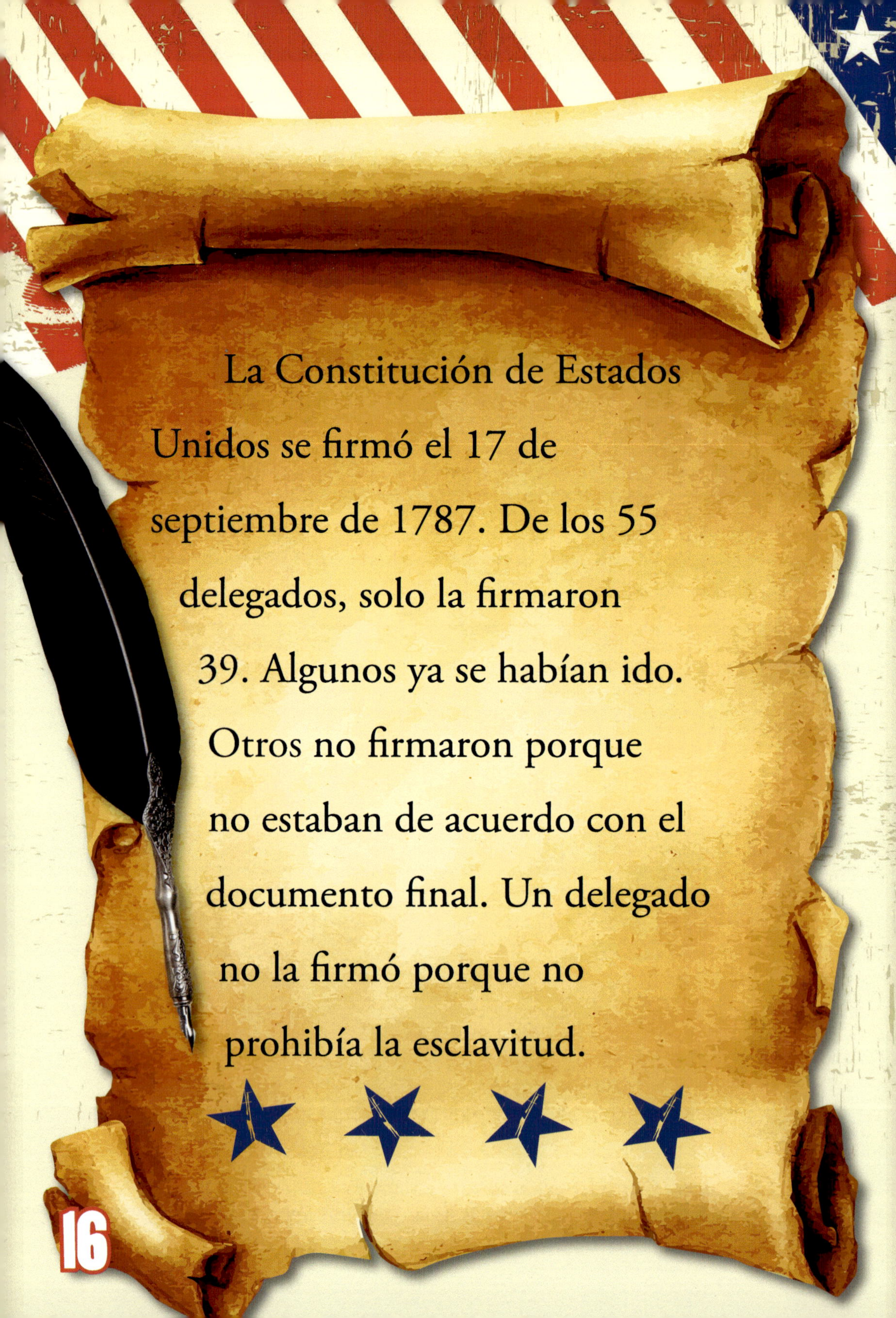

La Constitución de Estados Unidos se firmó el 17 de septiembre de 1787. De los 55 delegados, solo la firmaron 39. Algunos ya se habían ido. Otros no firmaron porque no estaban de acuerdo con el documento final. Un delegado no la firmó porque no prohibía la esclavitud.

SI QUIERES SABER MÁS

La Constitución de Estados Unidos es la constitución nacional más antigua que aún está en vigencia.

La Constitución de Estados Unidos tiene siete artículos o partes. El primer artículo explica sobre la formación del Congreso y le otorga el poder de crear leyes y otras funciones. Además, indica quién puede servir en la Cámara de Representantes y en el Senado, y durante cuánto tiempo.

¿Quién puede servir en el Congreso?

	CÁMARA DE REPRESENTANTES	SENADO
EDAD	debe tener al menos 25 años	debe tener al menos 30 años
AÑOS DE CIUDADANÍA	al menos 7 años	al menos 9 años
DURACIÓN DE MANDATO	2 años	6 años

SI QUIERES SABER MÁS

El preámbulo, o introducción, de la Constitución dice que la gente de Estados Unidos establece las leyes de su nación, que incluyen leyes para mantener la paz, **proteger** a sus **ciudadanos** y asegurar que vivan felices y libres.

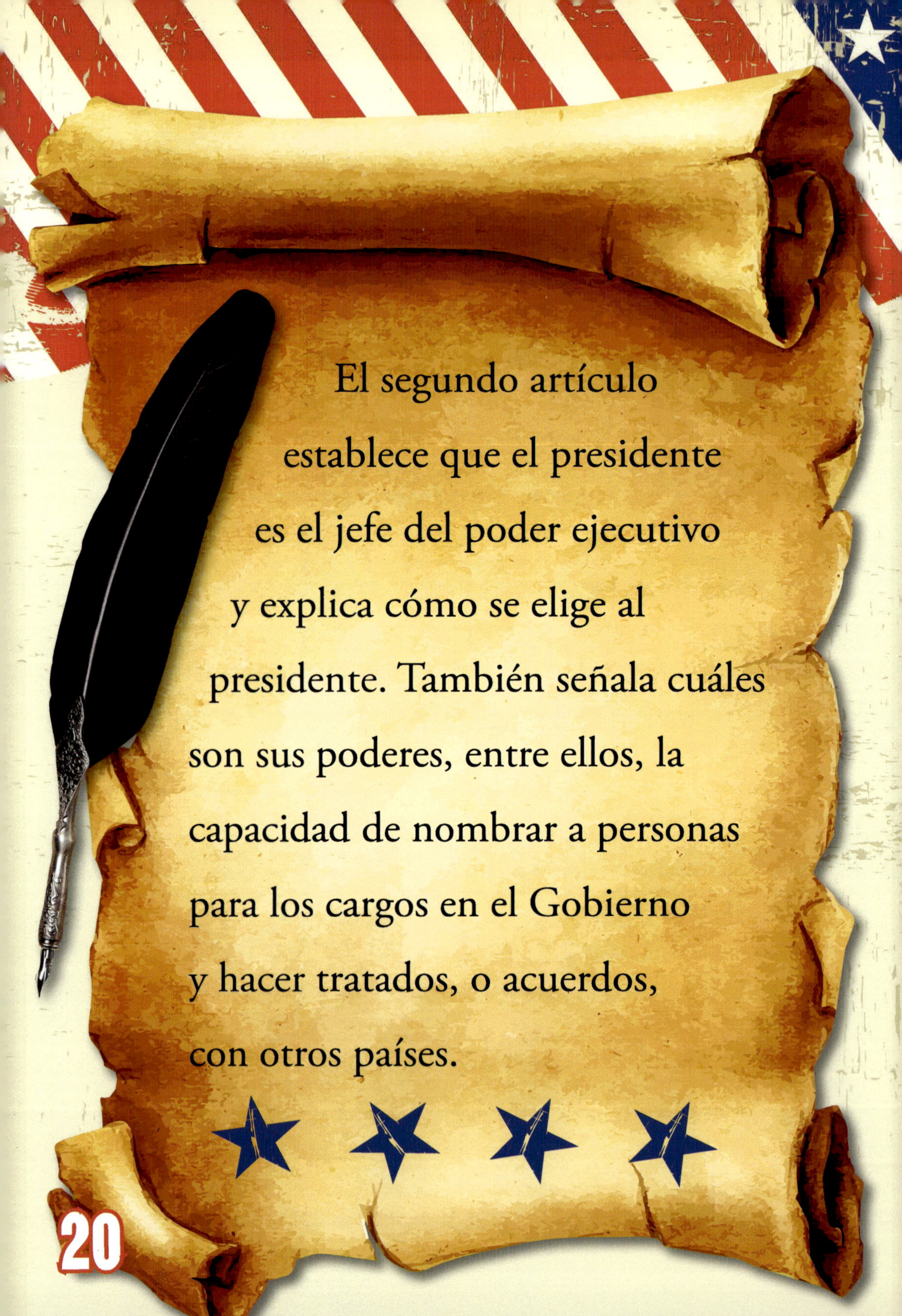

El segundo artículo establece que el presidente es el jefe del poder ejecutivo y explica cómo se elige al presidente. También señala cuáles son sus poderes, entre ellos, la capacidad de nombrar a personas para los cargos en el Gobierno y hacer tratados, o acuerdos, con otros países.

SI QUIERES SABER MÁS

La Constitución de Estados Unidos otorga al presidente el derecho de veto. Es decir, que puede bloquear una propuesta de ley en el Congreso para que no se convierta en ley.

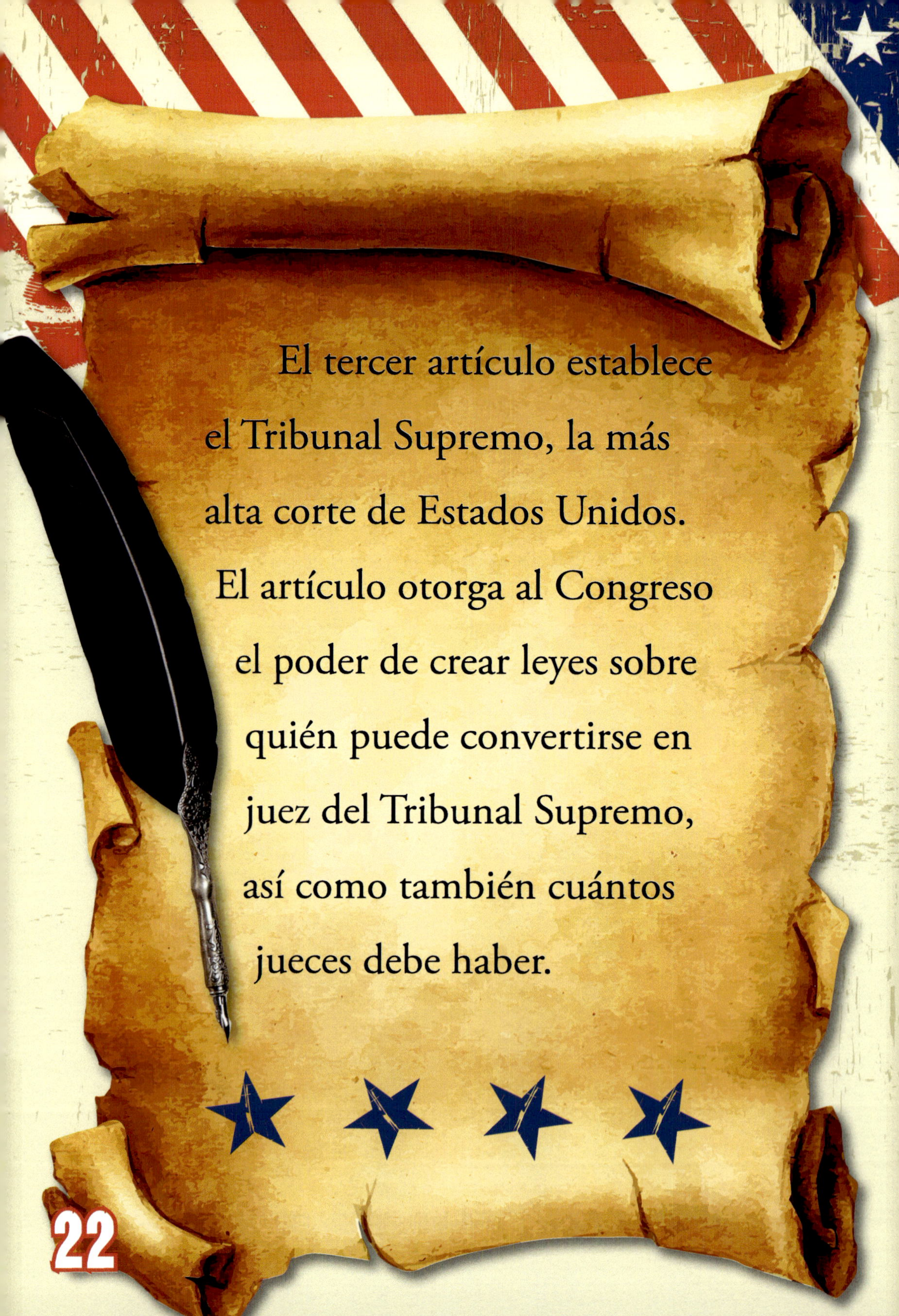

El tercer artículo establece el Tribunal Supremo, la más alta corte de Estados Unidos. El artículo otorga al Congreso el poder de crear leyes sobre quién puede convertirse en juez del Tribunal Supremo, así como también cuántos jueces debe haber.

SI QUIERES SABER MÁS

El Tribunal Supremo normalmente se encarga de casos que tienen que ver con la Constitución. Trata de hacer que el significado de la Constitución quede claro y que sea útil para los problemas de hoy.

El Tribunal Supremo de Estados Unidos, alrededor de 1915

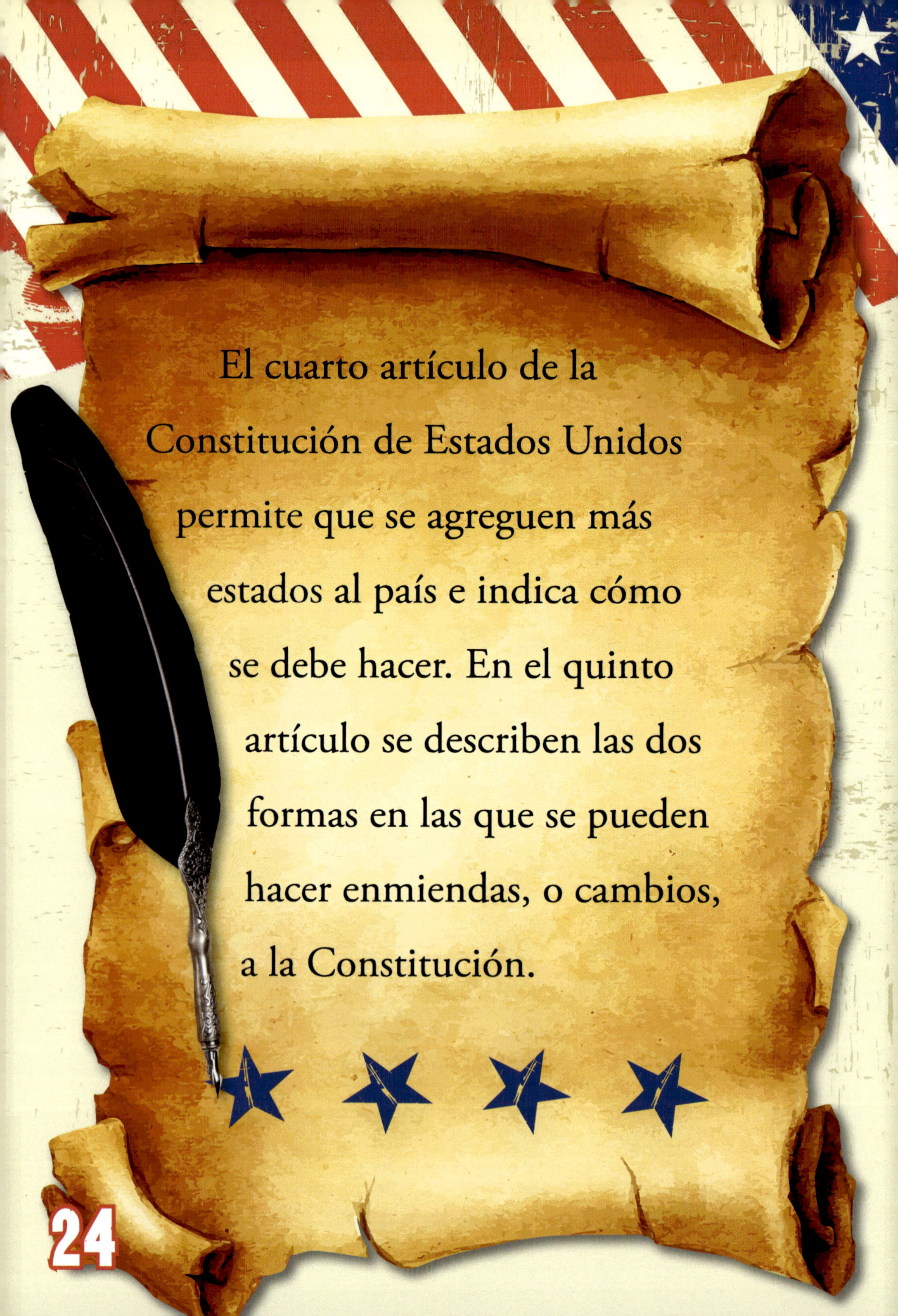

El cuarto artículo de la Constitución de Estados Unidos permite que se agreguen más estados al país e indica cómo se debe hacer. En el quinto artículo se describen las dos formas en las que se pueden hacer enmiendas, o cambios, a la Constitución.

Enmiendas a la Constitución

Se presenta una enmienda. → Dos terceras partes de la Cámara de Representantes y del Senado aprueban la enmienda. → Tres cuartas partes de los estados aprueban la enmienda.

Dos terceras partes de los estados piden una convención constitucional. → Las enmiendas se presentan durante la convención. → Tres cuartas partes de los estados aprueban las enmiendas.

SI QUIERES SABER MÁS

Desde su creación, se han hecho veintisiete enmiendas a la Constitución de Estados Unidos. De momento, solamente se ha usado la primera forma mostrada arriba para hacer las enmiendas.

RATIFICACIÓN

Para que la Constitución se convirtiera en la ley suprema de la nación, nueve de los trece estados tuvieron que ratificarla, o estar de acuerdo con ella. Delaware fue el primer estado en hacerlo, el 7 de diciembre de 1787. La Constitución entró finalmente en vigencia el 9 de marzo de 1789.

SI QUIERES SABER MÁS

Los federalistas eran un grupo de personas que estaban a favor de la Constitución. Escribieron una serie de artículos llamados los Documentos Federalistas para intentar conseguir que más estados votaran a favor de la ratificación.

LOS DERECHOS CIVILES

El primer Congreso de la nueva nación se reunió en 1789. Poco después, aprobaron diez enmiendas a la Constitución que prometían ciertos derechos civiles a los ciudadanos. Los derechos civiles son las libertades personales que los ciudadanos de Estados Unidos tienen garantizadas por ley. Estas enmiendas se llaman Carta de Derechos.

SI QUIERES SABER MÁS

Algunos de los derechos civiles incluidos en la Carta de Derechos son la libertad de expresión, el derecho a un juicio justo y el derecho a reunirse de forma pacífica, entre otros.

LÍNEA DEL TIEMPO DE LA CONSTITUCIÓN DE ESTADOS UNIDOS

1 de marzo de 1781

Se aprueban los Artículos de la Confederación.

25 de mayo de 1787

Comienza la Convención Constitucional.

17 de septiembre de 1787

Se firma la Constitución de Estados Unidos.

21 de junio de 1788

Nuevo Hampshire es el noveno estado en ratificar la Constitución.

4 de marzo de 1789

La Constitución de Estados Unidos entra en vigencia.

25 de septiembre de 1789

El Congreso aprueba la Carta de Derechos.

GLOSARIO

borrador: versión temprana de un documento.

ciudadano: alguien que vive en un país de forma legal y tiene ciertos derechos.

concesión: hecho de dejar de pedir algo que uno quiere a cambio de conseguir otra cosa.

convención: reunión de personas que tienen un interés o propósito común.

debatir: hablar de un asunto con opiniones diferentes.

delegado: representante que asiste a una convención.

documento: escrito formal.

economía: dinero que se gana en un lugar y la forma en la que se gana.

proteger: mantener a salvo.

redactar: escribir un documento.

representar: actuar en nombre de otras personas que han dado su autoridad o poder para hacerlo.

supremo: lo más alto o importante de su clase.

PARA MÁS INFORMACIÓN

Libros

Baxter, Roberta. *The Creation of the US Constitution: A History Perspectives Book*. Ann Arbor, MI: Cherry Lake Publishing, 2015.

Wolfe, James, and Heather Moehn. *Understanding the US Constitution*. Nueva York, NY: Enslow Publishing, 2016.

Sitios de Internet

Constitution of the United States: A Transcription
archives.gov/exhibits/charters/constitution_transcript.html
¡Puedes leer el texto de la Constitución de Estados Unidos aquí!

Nota del editor para educadores y padres: nuestro personal especializado ha revisado cuidadosamente estos sitios web para asegurarse de que son apropiados para los estudiantes. Muchos sitios web cambian con frecuencia, por lo que no podemos garantizar que posteriores contenidos que se suban a esas páginas cumplan con nuestros estándares de calidad y valor educativo. Tengan presente que se debe supervisar cuidadosamente a los estudiantes siempre que tengan acceso al Internet.

ÍNDICE